Héroes para pequeños lectores

Autora Renee Taft Meloche Ilustrador Bryan Pollard

Bethany Hamilton
Cameron Townsend
C. S. Lewis
Nick Vujicic

Héroes cristianos de ayer y hoy

de Janet y Geoff Benge

Adoniram Judson	Gladys Aylward
Amy Carmichael	Hudson Taylor
Betty Greene	Ida Scudder
Cameron Townsend	Jacob DeShazer
Corrie ten Boom	Jim Elliot
C. S. Lewis	Lillian Trasher
David Livingstone	Loren Cunningham
Dietrich Bonhoeffer	Mary Slessor
Eric Liddell	Nate Saint
George Müller	William Carey

Los «Héroes para pequeños lectores» se basan en la serie de biografías «Héroes cristianos de ayer y de hoy», escritas por Janet y Geoff Benge. No se pierda esta serie de aventuras verídicas y emocionantes, idóneas para niños de seis años en adelante.

Editorial JUCUM
P.O. Box 1138, Tyler, TX 75710-1138 U.S.A.
Teléfono: (903) 882-4725
www.editorialjucum.com

HÉROES PARA PEQUEÑOS LECTORES

NICK VUJICIC

Sin limites

Escrito por Renee Taft Meloche
Ilustrado por Bryan Pollard

EDITORIAL
JUCUM

Nick Vujicic: Sin limites   Texto © 2014 por Renee Taft Meloche   Ilustraciones © 2014 por Bryan Pollard
Versión española: Iñaki Colera   Edición: Miguel Peñaloza   Publicado 2014 por Editorial JUCUM, P.O. Box 1138, Tyler, TX 75710
ISBN 978-1-57658-769-0   Impreso en China.   Todos los derechos reservados.

En 1982, en un país
llamado Australia,
nació un niño muy especial,
distinto a todos los demás.

Nick era un bebé muy guapo,
y todos le rodearon de atenciones,
pero no tenía piernas ni brazos,
sencillamente, ¡no existían!

Pero sí tenía un pequeño pie,
con dos deditos muy bonitos,
y cuando se hizo grande,
los utilizó para moverse.

A veces se caía de sillas altas,
de mesas, rampas y camas,
y como no tenía con que sujetarse,
se golpeaba la quijada o la cabeza.

Sin embargo, cada vez que se caía,
Nick apoyaba su frente
contra un sofá o la pared,
y poco a poco se levantaba.

Como si fuera un gran gimnasta,
Nick se impulsaba a sí mismo
y se subía en las sillas, en los autos,
o salía fuera a dar un paseo.

Se lanzaba cuesta abajo en
patinete, y le encantaba nadar.
Aunque no tenía miembros,
su cuerpo flotaba fácilmente.

Su pie le permitía moverse y remar,
así que saltaba a piscinas y lagos;
y tenía una silla de ruedas con motor,
que podía manejar con el pie.

Al terminar el jardín de infantes,
Nick empezó a ir a la escuela.
Usaba sus dedos para agarrar las crayolas
y también para pasar las páginas.

Sin embargo, sus compañeros,
le ponían apodos feos, y se burlaban de él.
A Nick le dolía en el corazón, y pensaba:
«¿Por qué me ofenden?».

Tanto se reían y burlaban, que
Nick empezó a sentirse muy triste.
El pobre se preguntaba:
«¿Será que Dios se equivocó al crearme?»

Nick aprendió en la escuela dominical
que a los ojos de Dios, todos somos
preciosos, no importa nuestro color,
ni el tamaño que tengamos.

Nick se portaba bien con la gente,
sin importar lo que le hiciesen,
y al final consiguió hacer amigos,
que lo pasaban fenomenal con él.

A los seis años conoció a Chucky,
un niño que le daba mucho miedo.
Tenía el pelo naranja brillante,
muchas pecas y unas grandes orejas.

Era un abusón, y todos los días
aprovechaba para meterse con Nick.
Incluso un día le retó a una pelea,
y Nick valientemente dijo: «¡De acuerdo!».

Nick sabía que pelear no estaba bien,
y no podía dar patadas ni puñetazos,
pero pensó que no tenía más remedio,
y quedaron para pelear a la hora de comer.

Pasó toda la mañana asustado,
pensando en lo que ocurriría a mediodía,
y oró a Dios para que apareciese un profesor,
antes de que fuese demasiado tarde.

Pero cuando sonó la campana del almuerzo,
ningún profesor apareció,
así que Nick salió afuera pensando:
«¡Esto no puede estar pasándome a mí!».

Los demás niños se pusieron alrededor,
algunos sabían que no estaba bien pelear,
otros llevaron su almuerzo, y algunos
hicieron apuestas o animaron a Nick.

Cuando Chucky apareció, le dijo a Nick:
«Debes bajar de la silla de ruedas».
Y Nick respondió: «Entonces, para ser justos,
tú debes ponerte de rodillas».

Mientras Chucky se agachaba,
algunas chicas empezaron a gritar:
«No lo hagas, Nick, por favor.
¡Si peleas te van a hacer daño!».

Nick miró la cara burlona de Chucky,
y empezó a sentir mucho miedo,
pero de un brinco se puso frente a él,
era demasiado orgulloso para huir.

Entonces Chucky pegó a Nick en el pecho,
antes de que éste pudiera evitarlo,
cayendo violentamente de espaldas,
sobre el duro suelo de cemento.

Sus compañeros corrieron hacia él
con el susto reflejado en sus rostros.
Las chicas observaron preocupadas,
e incluso algunas se taparon la cara.

Pero Nick se impulsó de nuevo hacia
delante y consiguió ponerse derecho,
después dio tres brincos hacia Chucky
y se preparó para pelear otra vez.

Entonces recibió otro puñetazo que
le hizo aterrizar sobre su espalda y cabeza.
De repente se quedó sin aire
y sintió que todo se oscurecía.

Chucky empezó a celebrar su victoria
saltando y bailando a su alrededor.
Al volver en sí, Nick supo que tenía
muy pocas posibilidades de vencerlo.

No queriendo que Chucky se saliese con
la suya, Nick corrió hacia él una vez más,
y Chucky comprobó boquiabierto
que se abalanzaba muy rápido sobre él.

Chucky retrocedió a toda prisa con
expresión de susto y sorpresa,
viendo que Nick usaba su pie izquierdo
para impulsarse y saltar por los aires.

Recto como una flecha, Nick apuntó con
cuidado, ¿y qué creen que sucedió?
Aterrizó justo en el blanco
aplastando la nariz de Chucky.

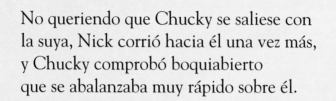
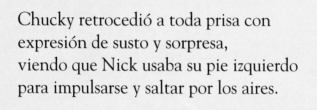

Mientras Chucky yacía allí en el suelo
sujetándose la nariz y llorando,
Nick se alegró de ser el vencedor,
aunque en el fondo se sentía muy mal.

«¡Chucky está sangrando!», gritó una chica.
Sus compañeros estaban asombrados
de que Nick, un niño sin miembros,
se hubiera levantado, luchado y vencido.

Mientras la mitad de los niños vitoreaban,
Nick preguntó a Chucky: «¿Estás bien?»,
pero éste se escabulló a toda prisa
con la sangre chorreando por su rostro.

Después de aquello, Nick no tuvo que
preocuparse más de aquel abusón,
ya que Chucky, avergonzado, se cambió
de escuela, y jamás volvió por allí.

Aunque Nick se sentía orgulloso de
haber sido capaz de enfrentarse a un
Chucky, sabía que pelear no estaba
bien, así que no volvió a hacerlo.

Al cumplir los doce años dejó su país,
la tierra de los canguros,
y se mudó a California,
aunque no le gustaba mucho.

Mudarse significaba dejar atrás a
todos sus amigos, así que tenía
miedo, y se preguntaba:
«¿Me acostumbraré a vivir aquí?».

Un chico llamado Andrés se metía con él
y le llamaba cosas muy crueles.
Cuando otros niños se burlaron de él,
Nick empezó a sentir pavor de ir a clase.

«A Nick se le ha pinchado una rueda»,
decía un compañero bromeando.
«Usémosle como pisapapeles»,
se burló otro de ellos.

Nick intentaba evitar cruzarse con
Andrés, para no sufrir con sus burlas.
Pero las notas de Nick empezaron a
empeorar, porque siempre estaba triste.

Algunos chicos mayores pensaron que
Andrés se merecía una lección,
así que decidieron pegarle, para
que dejase de molestar a Nick.

Pero Nick dijo que había otra forma
mejor de tratar el problema con Andrés,
así que decidió hablar con él,
y oró para que hiciesen las paces.

La siguiente vez que Andrés
le hirió con sus feos insultos,
Nick se acercó hasta él y le preguntó:
«¿Por qué me llamas estas cosas?».

Y añadió: «Me duele mucho cuando
las dices». Andrés pareció muy
sorprendido: «Sólo pretendía bromear»,
respondió él, «lo siento de veras».

Como Andrés parecía realmente
arrepentido, Nick le dijo: «Te perdono»,
y Andrés no volvió a meterse con él,
lo que dejó a Nick muy feliz.

Al regresar a Australia
Nick volvió a tener problemas.
Los chicos le llamaban cosas feas
como «monstruito» o «alienígena».

Nick oró, diciendo: «Dios creador de
todo, haz que me salgan brazos y
piernas, y así podré contarle a la
gente los milagros que Tú haces».

Aunque sus padres solían decirle
que el Señor tenía grandes planes para
él, Nick se enfadó mucho con Dios
al ver que no le salía ningún miembro.

Pero, poco a poco, Nick fue aceptando
que había cosas que podía hacer y otras
que no, y que tenía que dar lo mejor de sí
mismo y estar agradecido por sus dones.

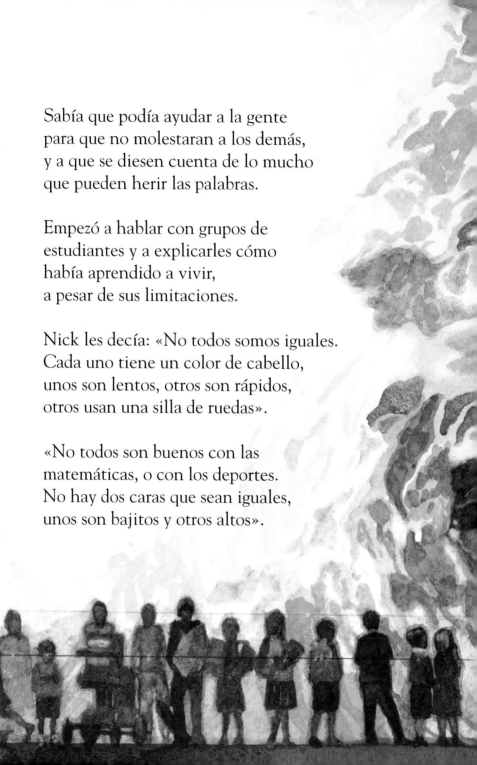

Sabía que podía ayudar a la gente
para que no molestaran a los demás,
y a que se diesen cuenta de lo mucho
que pueden herir las palabras.

Empezó a hablar con grupos de
estudiantes y a explicarles cómo
había aprendido a vivir,
a pesar de sus limitaciones.

Nick les decía: «No todos somos iguales.
Cada uno tiene un color de cabello,
unos son lentos, otros son rápidos,
otros usan una silla de ruedas».

«No todos son buenos con las
matemáticas, o con los deportes.
No hay dos caras que sean iguales,
unos son bajitos y otros altos».

«Dios nos hizo distintos a cada uno,
y sin embargo todos somos hermosos.
No debe preocuparnos para nada
ser diferentes a los demás».

«Somos criaturas maravillosas de
nuestro Dios y Creador», dijo Nick.
Así animaba a los chicos a ser amables
con los demás, y dejar las burlas.

Un día en el que hablaba con un grupo
de oración, notó sorprendido que la
mitad de los chicos que le escuchaban
tenían los ojos llenos de lágrimas.

Una chica que se sentaba delante
de él, no paraba de sollozar muy alto.
Nick se sintió mal por ella, y pensó:
«¿Qué le estará ocurriendo?».

La chica se acercó a Nick y le abrazó,
mientras le susurraba al oído:
«Nunca nadie me había dicho que yo era
hermosa, tú has sido el primero en hacerlo».

Cuando terminó el colegio,
Nickfue a estudiar a la universidad.
Hoy en día le suelen llamar para hablar
en la radio, y también en la televisión.

Nick vive en California con su
hijo y su amada esposa, y se
dedica a viajar por todo el mundo
y contarles a todos acerca de su vida.

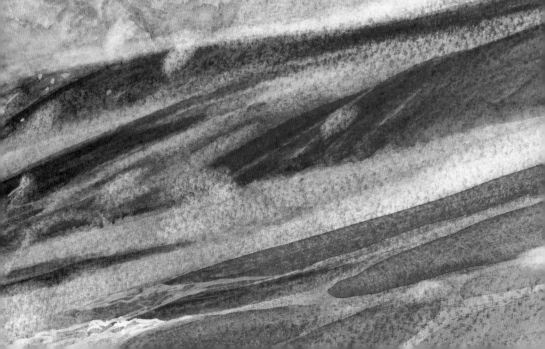

Ser diferente no le impide
divertirse muchísimo.
Hace surf sobre grandes olas,
bucea, cabalga y toca la batería.

Salta en paracaídas, juega al
fútbol y al baloncesto. Le encanta
pintar, actuar y cantar. Escribe en la
computadora y publica muchos libros.

Aunque la vida es más fácil para los
que tienen brazos y piernas,
Nick no deja que nada le impida disfrutar
del don de la vida que Dios le ha dado.

El ejemplo de Nick, alguien que jamás
se rindió ante las dificultades,
nos anima a ti y a mí a perseguir
nuestros sueños sin límites.